Jörgi, der Drachentöter

Ein Bilderbuch
für Kinder und Erwachsene

Text von Leo Lukas
Illustrationen von
Gerhard Haderer

Ueberreuter

In einem Dorf
am Rand des Hinterwaldes
lebte ein kleiner Junge
namens Jörgi.
Zu Chinesen
SCHWEINEBÄUCHE
P

Der hatte was.

Immer wenn jemand die Kinder fragte: „Na, was wollt ihr denn werden?", riefen die Kinder: „Schuster!" „Schneider!" „Lokomotivführerin!" „Schweinebauchhändler!" „Persönliche Assistentin des Obersten Oberwuzzis!" und so weiter.
Nur der kleine Jörgi antwortete:
Drachentöter!!!
SNOW

Und alle lachten ihn aus.
Drache

Da besorgte sich Jörgi einen Helm
und einen Schild und eine sehr lange Lanze
und ging aufs Schloss zum König.

„Ich bin Drachentöter!", sagte Jörgi mit fester Stimme zum König. „Nimm mich in deinen Dienst, dann werde ich für dich alle Drachen im Land ausrotten …
… ABER MIT BUTZ UND STINGL, JAWOLL!"

„Ich weiß nicht, ob es dir schon aufgefallen ist, kleiner Mann", sagte der König mit gutmütigem Spott, „aber der einzige Drache im Land bin ich selber."

Jörgi ließ sich nicht beirren. „Ich bin Drachentöter", sagte er, „und wenn du der Drache bist, dann werde ich dich töten! Jawoll!"

Die Berater des Königs begannen sogleich heftigst zu beratschlagen: „Was sollen wir mit ihm tun?" – „Einsperren?" – „Ausweisen?"

„Aber geh!", sagte der König. „Der ist doch völlig harmlos. Und irgendwie putzig! Ich finde, er hat einen gewissen... Unterhaltungswert. Wenn er will, möge er dableiben!"

DEM ALTEN HOFNARREN FÄLLT OHNEHIN SCHON LANGE NICHTS WITZIGES MEHR EIN.
So kam Jörgi auf das Schloss.

Jörgi war klar, dass es ihm alleine nicht gelingen würde, den Drachen zu töten.
Also fragte er den Hofkaplan, ob der ihm helfen würde.

„Weißt du", sagte der Hofkaplan, „er ist eigentlich ein recht passabler König. Und obwohl er selber kaum in die Kirche geht, war er in all den Jahren immer nett zu mir."

„Schlappschwanz!", dachte Jörgi zornig und ging zum Koch.

„Den guten alten Drachen töten! Spinnst du?", rief der Koch. „Er ist vielleicht ein wenig verfressen und schiebt sich und seinen Kumpels die besten Leckerbissen zu, aber das hat noch jeder König so gemacht."

„Weichei!", dachte Jörg verächtlich und ging zur Prinzessin.

Der Prinzessin gefiel Jörgi, weil er so schneidig tat, und außerdem hielt sie das Ganze für ein neues, lustiges Spiel.
Und als die Prinzessin sagte, ja, sie möchte mitspielen, da wollten natürlich auch ihre Kammerzofen unbedingt dabei sein.
Die Aushilfsknappen übten im Hinterhof mit ihren Holzschwertern Fechten. Als sie hörten, dass die Prinzessin und ihre Zofen bei Jörgi mitmachten, boten sie ihm sofort ihre Unterstützung an.
Jörgi versprach ihnen dafür, dass er sie schon bald zu echten Rittern machen und ihnen richtige Waffen besorgen würde.

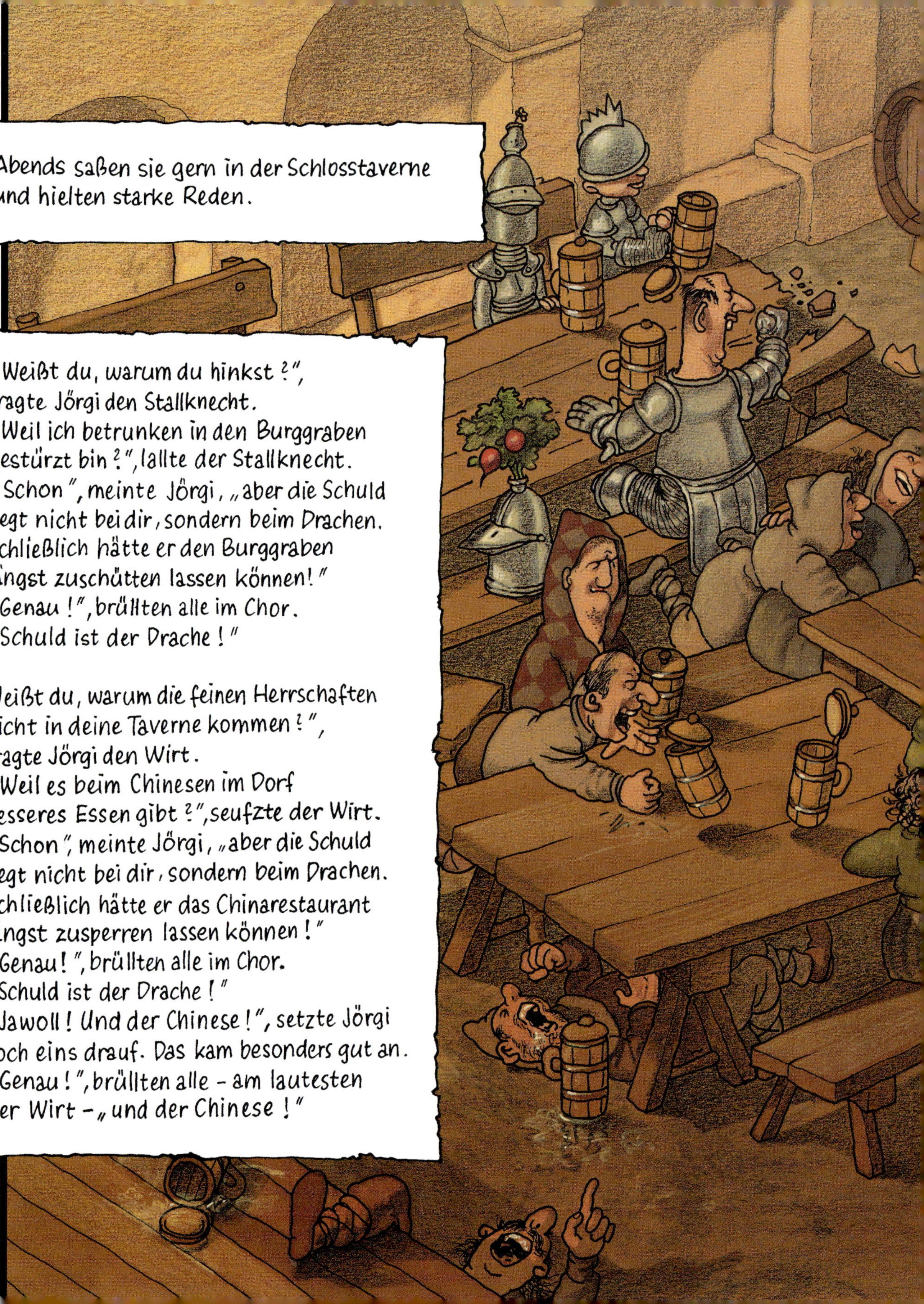

Abends saßen sie gern in der Schlosstaverne und hielten starke Reden.

„Weißt du, warum du hinkst?“, fragte Jörgi den Stallknecht.
„Weil ich betrunken in den Burggraben gestürzt bin?“, lallte der Stallknecht.
„Schon“, meinte Jörgi, „aber die Schuld liegt nicht bei dir, sondern beim Drachen. Schließlich hätte er den Burggraben längst zuschütten lassen können!“
„Genau!“, brüllten alle im Chor.
„Schuld ist der Drache!“

„Weißt du, warum die feinen Herrschaften nicht in deine Taverne kommen?“, fragte Jörgi den Wirt.
„Weil es beim Chinesen im Dorf besseres Essen gibt?“, seufzte der Wirt.
„Schon“, meinte Jörgi, „aber die Schuld liegt nicht bei dir, sondern beim Drachen. Schließlich hätte er das Chinarestaurant längst zusperren lassen können!“
„Genau!“, brüllten alle im Chor.
„Schuld ist der Drache!“
„Jawoll! Und der Chinese!“, setzte Jörgi noch eins drauf. Das kam besonders gut an.
„Genau!“, brüllten alle – am lautesten der Wirt – „und der Chinese!“

GROSS
KL
Und sie ließen Jörgi hochleben
und schworen, mit ihm den Drachen zu verjagen.
... UND DEN CHINESEN !
... erinnerte der Wirt.

Dem Hofnarren war die Brüllerei zuwider. Er ging an die frische Luft und spazierte ein wenig herum. Als er ins Dorf kam, erschrak er sehr, denn die Tür des Chinarestaurants war über und über mit Farbe beschmiert worden.
„WEK MIT DENEN KINESEN!", stand da und: „TÖDET DEM TRACHEN!"

RACHE
DU SAK!!
„Aber geh", beschwichtigte der Prinz den Hofnarren, „das ist doch nur ein Dummejungenstreich und lässt sich leicht wieder abwaschen! Wer sollte etwas gegen den Chinesen haben? Er ist fleißig und kocht ganz ausgezeichnet. Ich glaube, du bist nur neidig, weil die Leute den kleinen Jörgi viel lustiger finden als dich."

„Weißt du, warum du jede Nacht ganz alleine Wache halten musst?", fragte Jörgi den Nachtwächter.
„Weil ich Nachtwächter bin?", mutmaßte der Nachtwächter.
„Schon", meinte Jörgi, „aber die Schuld liegt nicht bei dir, sondern beim Drachen. Schließlich hätte er längst noch andere Nachtwächter einstellen können!"
„Stimmt eigentlich", sagte der Nachtwächter nachdenklich: „Obwohl ..." – „Und die Chinesen!", fügte Jörgi hinzu.
„Wieso die Chinesen?", fragte der Nachtwächter.
„Weil, weil ... weil du ja hauptsächlich wegen der Chinesen überhaupt Wache halten musst. Das weiß doch jeder, dass Chinesen ganz besonders gefährlich sind!"
„Chinesen?", fragte der Nachtwächter.
„Jawoll! Ach ja ... und könntest du mir kurz den Schlüssel zur Waffenkammer borgen?"

Die Aushilfsknappen freuten sich sehr, dass sie nun echte Ritter waren. „Gleich gehts dem Chinesen an den Kragen!", schrie der Tavernenwirt.

Der Prinzessin wurde die Sache unheimlich und sie erzählte dem König davon.
„Jetzt reichts!",
sagte der Drache.

Obwohl Jörgi sich furchtbar schämte, tat er so, als ob alles nach Plan verliefe. „Wir ziehen in den Hinterwald!", rief er ...
... UND BRINGEN IHN AUF VORDERMANN!
Und einmal mehr schwor er sich den Drachen zu töten.

Im Hinterwald fühlte sich Jörgi nicht sonderlich wohl ...
... obwohl es bei den Bewohnern des Hinterwaldes ganz besonders gut ankam, wenn er auf Chinesen, Hofnarren und Prinzessinnen schimpfte.
Auch sonst war wenig los im Land ...
4
5

... sodass sich alle freuten, wenn sie etwas von Jörgis Abenteuern hörten. (Freilich waren die meisten nur erfunden.)
Das brachte den Prinzen auf eine Idee. Er wollte nämlich schon lange König werden anstelle des Königs.
„Willst du zurück ins Schloss?“, fragte der Prinz. „Ich will den Drachen töten!“, fauchte Jörgi trotzig. „Wenn ich dir helfe“, flüsterte der Prinz, „den Drachen zu ... äh, zurechtzustutzen – hilfst du mir dann, König zu werden anstelle des Königs – abgemacht?“

Von da an ging alles sehr schnell.
Jörgi zog mit den Aushilfsknappen, den Bewohnern des Hinterwaldes und vielen anderen, die die Geschichten über seine Abenteuer toll fanden, zum Schloss.
Und der Prinz und der Nachtwächter öffneten ihnen das Tor und ließen sie hinein.

Sie überraschten den Drachen im Schlaf ...
... schleppten ihn auf den höchsten Turm ...
... und Jörgi persönlich stach ihm so lange mit der spitzen Pike in den Hintern, bis der Drache sprang.

Und hätte der Drache nicht trotz seines Übergewichtes zumindest noch ein kleines bisschen fliegen können, wäre er wohl wirklich tot gewesen.

Viele bewunderten Jörgi
für seine Grausamkeit.
Doch viele andere begannen
sich vor ihm zu fürchten.

Der Prinz, der jetzt der neue König war, tat gleichwohl, als sei nichts, und schob sich und seinen Kumpels alsogleich die besten Leckerbissen zu.
Aber dann geschah etwas Seltsames. Der neue König verwandelte sich!
Je länger er auf dem Thron saß und die Krone trug, desto länger wurde sein Hals. Auf dem Rücken wuchsen ihm ein Zackenkamm und Flügel, und wenn er sprach, kamen immer öfter kleine Wölkchen aus seinen Nasenlöchern.

„Du bist ein Drache geworden!", rief Jörgi und griff nach der spitzen Pike. „A-aber nein!", stammelte der Prinz, der jetzt König war. „Da-das sieht nur ein ganz klein bi-bisschen so aus. Das geht sicher schnell wieder vovo-vorbei!"
Doch Jörgi sagte nur:
ICH BIN DRACHENTÖTER.

Der Prinz, der kurz König gewesen war, hatte nie richtig fliegen lernen können und tat sich beim Sturz vom Turm ziemlich arg weh.
SEHR W
W

„Geschieht ihm recht, dem Chinesenfreund!", knurrte der Wirt. Der Stallknecht brüllte: „Hoch lebe König Jörgi!"
PROSECCO
Von da an ging alles sehr schnell.

Als König erließ Jörgi neue Gesetze:
ERSTENS: DER KÖNIG HAT IMMER RECHT.
ZWEITENS: ES IST BEI STRAFE VERBOTEN, DEN KÖNIG EINEN DRACHEN ZU NENNEN.
DRITTENS: ODER BEI DEN CHINESEN ZU ESSEN.

Da war es aus und vorbei mit dem Frieden im kleinen, angeblich früher einmal so gemütlichen Land.
RACHE!!
Zu
Vermieten
SCHWEINEBÄUCHE

Und bald, wenn jemand die Kinder fragte: „Na, was wollt ihr denn werden?", riefen die Kinder, so laut sie konnten:
Drachentöter !!!
WIDERSTAND

Es gibt keinen Drachen bei uns!
... heulte Jörgi, der König, der Drache, oben im Schloss. Er ließ alle Spiegel entfernen und alle Fenstergläser und Brillen, alles was spiegelte, sogar die Spiegeleier. Niemand durfte ihn ansehen, nicht einmal er selbst, sodass er sehr einsam war und gar nicht glücklich.

Da fasste der Hofnarr einen Entschluss
und all seinen Mut zusammen
und schrieb einen Brief
an alle Leute im Land.

„Wir sind auf dem falschen Weg",
stand in dem Brief,
„und so geht das ewig weiter
und wird immer schlimmer.

Jeder Drachentöter
wird selber zum Drachen,
weil der Thron und die Krone
den Drachen machen."

Die Leute lasen den Brief
und nach und nach begriffen sie.

Nachdem sie begriffen hatten –
zuerst die Prinzessin und die Zofen,
zuletzt der Wirt und der Stallknecht –,
nahmen sie den Thron und die Krone
und warfen sie fort.

Von da an ging alles...
nicht leichter, doch besser.
Aus dem schrecklichen Drachen wurde wieder Jörgi und er war nicht mehr einsam und niemand lachte ihn aus.

Und wenn ihn jemand fragte: „Na, was willst du denn werden?", antwortete er:
HMMM...
WEISS ICH NOCH NICHT...

VIELLEICHT KOCH.
Honig
Marmel
Senf

Danke
an Andreas Findig, Ten Pan Sni und Christian Wabl,
durch deren Anregungen diese Geschichte doch noch
ein gutes Ende gefunden hat.

Leo Lukas, April 2000

Die Deutsche Bibliothek – CIP-Einheitsaufnahme

Jörgi, der Drachentöter : ein Bilderbuch für Kinder und Erwachsene /
Gerhard Haderer / Leo Lukas. – Wien : Ueberreuter, 2000
ISBN 3-8000-3792-0

AU 0552/1

Printed in Austria
1 3 5 7 6 4 2

Ueberreuter im Internet: www.ueberreuter.de